POÈME DE ÇABI,

EN DIALECTE CHELHA,

TEXTE, TRANSCRIPTION ET TRADUCTION FRANÇAISE

PAR

M. RENÉ BASSET.

EXTRAIT DU JOURNAL ASIATIQUE.

PARIS.

IMPRIMERIE NATIONALE.

M DCCC LXXIX.

POÈME DE ÇABI,

EN DIALECTE CHELHA,

TEXTE, TRANSCRIPTION ET TRADUCTION FRANÇAISE

PAR

M. RENÉ BASSET.

EXTRAIT DU JOURNAL ASIATIQUE.

PARIS.

IMPRIMERIE NATIONALE.

M DCCC LXXIX.

POÈME DE ÇABI,

EN DIALECTE CHELHA,

TEXTE, TRANSCRIPTION ET TRADUCTION FRANÇAISE.

I.

De tous les dialectes berbères du nord de l'Afrique, le zouaoua en Algérie et le chelha au Maroc sont à peu près les seuls qui aient une littérature écrite. Les documents indigènes que l'on possède dans les dialectes de Bougie, des Illoulen, d'Ouargla, du Rif, des Chaouïa et des Zenatia se réduisent à quelques contes publiés à la suite de la grammaire du général Hanoteau. Les dialectes des Guanches, d'Aoudjilah, de Ghdamès et de Siouah ne sont guère plus connus, non plus que celui du Mzab, quoique une récente exploration, celle de M. Masqueray, soit loin d'avoir été infructueuse; mais il faut attendre la publication des résultats. Le zouaoua, au contraire, nous offre les chansons populaires, les contes, les k'anouns recueillis par le général Hanoteau, la traduction du catéchisme, des évangiles et des épîtres par le P. Creuzat[1], le Themchaouth (recueil de contes) et quelques lettres et poésies conservées dans un manuscrit de la Bibliothèque de Leyde[2].

Les textes chelhas, presque tous inédits, sont écrits dans un style plus littéraire, et, malheureusement aussi, plus mélangé de mots arabes. Quoique le berbère puisse former des noms abstraits, il a emprunté presque tous ses termes de droit et de religion à l'arabe, à ce point que, dans certains traités comme le Bah'r eddomouâ et le H'aoudh, à part quelques verbes, les pronoms et un petit nombre de substantifs, tous les mot sont arabes. La plus grande partie des manuscrits berbères de la Bibliothèque nationale appartiennent à ce dialecte :

I. Études berbères par J. D. Delaporte, renfermant entre autres une grammaire chelha incomplète; trente-cinq dialogues avec une transcription et une traduction interlinéaire; un fragment de Kalilah et Dimnah; quelques vers, le poème de Çabi, dont je reparlerai plus loin, et seize lettres commerciales. Tous ces morceaux, écrits en chelha, sont transcrits et traduits. (Fonds berbère n° 1.)

II. Deux manuscrits, contenant les ouvrages sui-

---

[1] Je ne mentionne pas la traduction des douze premiers chapitres de l'Évangile selon saint Luc, faite par Hodgson pour la société biblique de Londres. M. Newman a montré qu'elle était remplie de fautes.

[2] Cf. De Gœje, *Catal. cod. oriental. bibl. acad. Lugd. Bat.*, in-8°. Leyde, 1873, t. V, p. 128-130.

vants : 1° le H'aoudh (الحوض) « la piscine », composé par Moh'ammed, fils de Âli, fils d'Ibrahim de Sous, et terminé en l'an 1121 de l'hégire. C'est un résumé de la doctrine malékite, d'après Sidi Khalil. Cet ouvrage est écrit dans une sorte de prose rimée. 2° Bah'r eddomouâ (بحر الدموع) « la mer des pleurs », du même auteur, également en prose rimée. M. de Slane (*Hist. des Berbers*, trad. d'Ibn Khaldoun, t. IV, p. 536 et suiv.) a donné un sommaire de ces deux traités, la transcription et la traduction des deux premiers chapitres du second. A l'un des manuscrits est jointe une traduction interlinéaire en patois marocain. (Fonds berbère, n°ˢ 3 et 9.)

III. *Kitab ech-chelha*, renfermant vingt-cinq contes : texte berbère, traduction arabe, transcription en caractères latins et traduction française par J. D. Delaporte. M. de Slane a également publié un de ces contes dans son appendice à l'*Histoire des Berbers*. (Fonds berbère, n° 4.)

IV. Deux manuscrits d'un commentaire sur le Bordah du cheïkh El-Bouçiri. L'un d'eux contient, outre le texte arabe et le commentaire berbère, la traduction de celui-ci en patois marocain. (Fonds berbère, n°ˢ 7 et 10.)

V. Quelques phrases grammaticales sans importance dans un petit manuscrit de cent pages intitulé *Études berbères*. (Fonds berbère, n° 11.)

VI. Un traité sur les devoirs du Musulman, rite malékite, par Sidi Ibrahim fils de Âbd Allah le Sinhadji, d'après Sidi Âli, fils de Moh'ammed, fils de Ouisîden. A la suite se trouve un troisième manuscrit du H'aoudh et du Bah'r eddomouâ. (Fonds berbère, n° 6.)

M. de Slane mentionne deux autres exemplaires de ces derniers ouvrages : l'un appartenant à M. de Gayangos, l'autre à la bibliothèque d'Alger. Enfin M. Rey, attaché à la légation du Portugal au Maroc, possède un manuscrit du commentaire berbère sur le Bordah.

Telle est la littérature manuscrite du chelha. Nous savons néanmoins par El-Bekri qu'en l'an 127 de l'hégire, Çalih' ben Tarif, se donnant pour prophète, écrivit en berbère un K'oran dont quelques mots nous ont été conservés. En 313 de l'hégire, un autre imposteur, Hamin, composa également un K'oran berbère dont un fragment, traduit en arabe, est cité par El-Bekri. Le fondateur de la dynastie des Almohades, Moh'ammed, fils de Âbd-Allah, écrivit, outre trois traités dogmatiques en arabe, qui se trouvent à la Bibliothèque nationale, une traduction berbère du K'oran et de deux de ces traités : le Morchida et le Taouh'id. Hodgson et M. de Slane ne désespéraient pas de voir retrouver un jour ces trois curieux ouvrages chez les Masmouda de l'Atlas. Deux traductions contemporaines du K'oran en berbère, dans la province de Sous, causèrent la mort de leurs auteurs.

Les documents chelhas imprimés sont bien moins importants que les manuscrits. En voici la liste, d'après d'Avezac, Hodgson et M. de Slane :

Jones, *Dissertatio de lingua shilhense*, à la suite de Chamberlayne; *Oratio dominica in diversas linguas versa*; Amsterdam, 1716, in-4°.

Hoest, *Vocabulaire recueilli au Maroc*, à la suite de sa description du Maroc; Copenhague, 1779, in-4°.

Chénier, *Vocabulaire chelha* (t. III des *Recherches sur les Maures*; Paris, 1787, in-8°).

Jackson, *Vocabulaire berbère*, à la suite de sa description du Maroc.

Badia y Lieblich (le faux Âli bey El-Âbbassi), *Vocabulaire de 130 mots chelhas*.

Shaler, *Esquisse de l'État d'Alger*, trad. par Bianchi; Paris, 1830, in-8°. Il a rassemblé les vocabulaires de Shaw, Chénier, Hornemann, Âli-Bey, et y a joint une liste de mots chelhas et mzabis recueillis par Schultze et Bengammon.

Schultze, *Observations sur le chelha* (*Nouvelles annales des voyages*, 1830).

Gräberg de Hemsö, *Remarques sur la langue des Amazirghs*, avec les notes du Rév. Renouard (*Journal of the Royal Asiatic Society*, 1836).

Prichard, *Vocabulaire chelha* (*Researches on the physical history of mankind*, t. II).

Venture de Paradis, *Grammaire et dictionnaire de la langue berbère*, ouvrage publié par A. Jaubert; Paris, 1844, in-4°. Le dialecte de Bougie et le chelha y sont confondus.

J. D. Delaporte, *Spécimen de la langue berbère* (dialecte chelha), un cahier in-folio de 64 pages, renfermant deux dialogues et le poème de Çabi. Le texte est extrait du manuscrit 1, fonds berbère de la Bibliothèque nationale, et accompagné d'une transcription en caractères latins et d'une double version française, l'une interlinéaire, l'autre infiniment trop diffuse et trop libre. Ce texte est assez différent de celui que je publie. Il contient en plus un assez grand nombre de vers que j'ai cru devoir reproduire en note : dans certains passages, en effet, ils servent à compléter le manuscrit, mal écrit et incomplet vers la fin, que j'ai eu à ma disposition. J'ai refait la traduction des passages cités, et vérifié le texte vers par vers sur la copie faite par J. D. Delaporte lui-même, et qui se trouve à la Bibliothèque nationale; car l'édition autographiée renferme de nombreuses incorrections.

De Slane, *Appendice sur les Berbères*, à la suite du IV° volume de sa traduction d'Ibn Khaldoun; Alger, 1856, in-8°. Cet appendice contient: un aperçu sur les origines des Berbères [1], un abrégé de grammaire chelha extrait en partie du manuscrit 1 de la Bibliothèque nationale, une bibliographie complète des ouvrages sur les divers dialectes berbères et la liste de sept manuscrits qui se trouvaient alors à la Bibliothèque nationale, un conte en chelha et en zouaoua,

---

[1] Sur l'assertion de M. de Slane que le berbère diffère essentiellement du copte par la conjugaison, la déclinaison et le vocabulaire, on peut consulter le travail M. de Rochemonteix intitulé : *Essai sur les rapports grammaticaux qui existent entre l'égyptien et le berbère*: Paris, 1876.

les deux premiers chapitres du Bah'r eddomouà, une lettre en chelha (ces divers ouvrages sont empruntés à Delaporte), enfin quelques notes sur les Berbères d'après les écrivains grecs et latins.

Hanoteau, *Conte traduit en tamazir't de la province de Sous* (Chelha), à la suite de sa *Grammaire kabyle;* Alger, 1858, in-8°, 303 p.

Le dialecte chelha ou tamazir't se parle dans toute la partie occidentale de l'empire du Maroc, depuis Rabat' jusqu'à l'Oued-Noun : il est également la langue des tribus insoumises qui habitent l'Atlas occidental et qui fondèrent au vi{e} siècle de l'hégire le puissant empire des Almohades. Cependant, il est douteux que, même à cette époque, les Berbères, en écrivant leur langue, aient employé leur alphabet national que nous retrouvons dans les inscriptions lybiques et que les Touaregs ont conservé.

II.

Les lettres arabes ne rendant pas exactement tous les sons berbères, plusieurs signes ont été empruntés à l'alphabet persan : ڭ, ژ, چ, et, d'après Delaporte, il faut y joindre le caractère ڜ *zh*, que j'ai rarement rencontré dans un texte écrit par un indigène. Pour les voyelles qui s'écrivent ordinairement, le *fatha*, le *kesra*, le *dhamma* ont les mêmes sons qu'en arabe : le *fatha* représente aussi quelquefois l'*é* fermé, qu'on rend également par le *sokoun*[1]. Les con-

[1] Les différences grammaticales du chelha et du zouaouà étant peu importantes, j'ai cru ne devoir donner ici qu'un court sommaire des

sonnes sont les mêmes qu'en arabe; toutefois, le ظ ne se trouve pas dans un mot d'origine berbère.

Un certain nombre de lettres du même ordre permutent ensemble : د, ذ, ط, ت, ث; ج, چ, ز; س, ص; خ, غ, ق, etc. Le ت et le ذ, si fréquents dans les dialectes berbères d'Algérie, sont d'ordinaire remplacés, en chelha, par ت et د. Le و redoublé devient ب. Exemple : أوض *aoudh* « arriver », aor. يبّض *ibbodh*.

PRONOMS PERSONNELS.

PRONOMS ISOLÉS.

	Singulier.	Pluriel.
1re pers.	نك *nek* « moi »	نكني *nokni* « nous ».
2e pers. masc.	كي *kii* « toi »	كنوي *konoui* « vous ».
2e pers. fém.	كم *kem* « toi »	كنمتي *konamti* « vous ».
3e pers. masc.	نتا *netta* « lui »	نتني *netni* ou نثني *nethni* « eux ».
3e pers. fém.	نتت *nettat* « elle »	نثنتي *nothenti* « elles ».

A ces pronoms s'ajoutent souvent les particules *i* et *n*. Exemple : *nekkini, kin*, etc.

PRONOMS AFFIXES.

	Singulier.	Pluriel.
1re pers.	ي *i* « moi ».	اغ *ar'*, ناغ *nar'*.
2e pers. masc.	ك *k*.	ون *ouen*, كن *kon*.
2e pers. fem.	م *em*, كم *kem*.	كنت *kent*.
3e pers. masc.	س *s*, ت *t*.	سن *sen*, تن *ten*.
3e pers. fém.	س *s*.	سنت *sent*, تنت *tent*.

formes, et renvoyer pour les développements à la grammaire kabyle du général Hanoteau, le meilleur ouvrage sur le berbère d'Algérie, avec le *Dictionnaire français-berbère* (dialecte de Bougie), publié par M. Brosselard. Paris, Imp. royale, 1844, gr. in-8°.

Ces formes varient, suivant qu'elles servent de régime direct ou indirect d'un verbe ou qu'elles sont le complément d'un nom. Dans le premier cas, on emploie la première colonne, dans le second, l'autre colonne.

Le verbe chelha ne se distingue du verbe zouaoua que par la substitution du ت au ث et au ض :

Singulier.	Pluriel.
1re pers. زريغ *zer-ir'* « j'ai vu ».	نزر *nezer*.
2e pers. تزرّ *tezra*.	تزرم *tezrem*.
3e pers. masc. يزرّ *izra*.	زرن *zeren*.
3e pers. fém. تزرّ *tezra*.	زرنت *zerent*.

Ce temps n'a pas de sens proprement déterminé; il s'emploie d'ordinaire pour le parfait, mais il peut désigner le futur, surtout avec la particule را *ra* ou غا et اد, et le présent avec la particule اد. Le participe se forme en ajoutant la particule ن à la troisième personne du singulier masculin de l'aoriste. Exemple : يزرن *izeran* « voyant ».

De même que le zouaoua, le chelha admet des modifications verbales, à l'aide de préfixes : *s* (factitif), *m* (réciprocité), *t* pour *the*, *tse* (passif, réciprocité). Il en est de même pour la formation des noms verbaux par les particules *a*, *t*, *ou*, etc. (Voir Hanoteau, *Grammaire kabyle*, liv. II, ch. II.)

Les substantifs masculins commencent ordinairement par ا, و, ى ; les féminins par ت, excepté يمّا *imma* « mère ». Aux cas obliques, ou lorsque le sujet n'est pas le premier mot de la phrase ou déterminé par la particule ᴅ, l'ʼ initial se change ordinairement en *ou*. Exemple : المحضار *ameh'dhar* « jeune homme », cas oblique, *oumeh'dhar* ; اكلّيد *agellid* « roi », cas oblique, *ougellid*.

Le chelha a deux formes de pluriel : l'une externe, que l'on obtient en ajoutant *en* ou *an* à la fin du substantif, et lorsqu'il commence par un *a*, en changeant cet *a* en *i*. Exemple : اكلّيد *agellid* « roi », pluriel, اكلّيدن *igelliden* ; 2° un pluriel interne, combiné d'ordinaire avec le pluriel externe. Exemple : اضاد *adhad* « doigt », pluriel, اضودان *idhoudan* ; تكيمّى *tigimmi* « maison », pluriel, تكّا *togamma* ; اسيف *asif* « rivière », pluriel, اسافن *isafen* ; تمزيرت *tamzirt* « pays », pluriel, تميزرا *timizera* ; افروخ *afroukh* « garçon », pluriel, افرخان *iferkhan*. Le pluriel de اكما *egma* « frère », est يتما *itema* ; celui de تمتّوت *tamettout* « femme », est تولوين *toulaouin* « petits cœurs », de ول *oul* « cœur ». Au pluriel féminin, le *t* de la désinence tombe et est remplacé par *en* ou *in*. Le ت sert aussi à former les diminutifs.

Les pronoms démonstratifs et indéfinis sont les mêmes qu'en zouaoua. Comme le mzabi et le tamachek', le chelha a gardé les anciens noms de nombre :

يان *ian* « un », fém. ياض *iadh* ou يات *iat*.
سين *sin* « deux », fém. سنت *senat*.
كراض *kradh* « trois », fém. كراضت *kradhet*.
كز *koz* « quatre », fém. كزت *kozet*.

سمّوس *sommous* « cinq », fém. سمّوست *sommoust*.

سديس *sedis* « six », سديست *sedist*.

سا *sa* « sept », fém. سات *sat*.

ثام *tham* « huit », fém. ثامت *thamet*.

تزا *tza* « neuf », fém. تزات *tzat*.

مراوي *meraoui* « dix », fém. مراويت *meraouit*.

ميا *mia* « cent », emprunté à l'arabe.

يفض *ifidh* « mille ».

Pour « vingt », on dit deux dizaines, « trente », trois dizaines, etc.

Pour l'emploi des particules غ, را, د, et les prépositions, voir Hanoteau, *Grammaire kabyle*, liv. I, ch. III, et liv. III; de même pour les adjectifs.

III.

Il ne me reste plus qu'à dire quelques mots sur le texte qui suit. Ce poème, très populaire aux environs de Mogador et de Sous, est écrit dans une langue assez pure, en vers syllabiques, que je n'essaierai pas de scander, mais qui semblent imiter la mesure du basit' arabe. En effet, en supprimant, comme le font les Berbères, les désinences de la phrase arabe qui marque les divisions du poème, on obtient la notation suivante :

Thomma ççalat | ou esselam | àla Nabi | Moh'ammed

Mais la métrique berbère n'ayant jamais été étudiée, ce n'est qu'avec la plus grande réserve que je formule cette opinion.

La bénédiction invoquée pour le prophète sert à marquer une division en six strophes de longueur irrégulière. Elle ne se retrouve pas dans la copie de la Bibliothèque nationale, beaucoup plus complète que le manuscrit, assez mal écrit sur un feuillet de papier européen, dont je dois la communication à M. Rey, par l'obligeante intervention de M. Barbier de Meynard.

Quelques vers étaient illisibles sur le manuscrit, je les ai remplacés par une ligne de points. Il en est d'autres que je n'ai pu traduire; je me suis contenté d'en donner le texte et la transcription, sans chercher à inventer un sens plus ou moins probable. Du reste, les suppléments de Delaporte, que j'ai placés en note, servent à combler toute lacune. Je n'ai pas cru devoir indiquer les nombreuses différences qui existent entre les deux textes; qu'il me suffise de dire que, sur cent vingt-sept vers dont se compose ce poème, quarante à peine sont identiques dans l'une et l'autre copie. Le texte en lettres arabes est la reproduction exacte du manuscrit; la transcription en caractères français, pour laquelle j'ai adopté le système du général Hanoteau, présente les mots berbères séparés, ainsi qu'ils doivent l'être; enfin, pour la traduction, j'ai suivi pas à pas chaque vers, sacrifiant au besoin l'élégance à la fidélité.

IV.

بِسْمِ اللهِ الرَّحْمٰنِ الرَّحِيْمِ
ثم الصّلوة والسّلام على نبى محمّد
بسم الله وباللّه الباب ارواٿ ايتّا
اتّنان اسدّن الطّلبيا غلغران العظيم
ابسم وباللّه انبدو اكلام لحسن 5
اسمع كلام لحسن اوجه لخيار لحسن
ريغ انفصل يت القاصد نيان الحضر
سلمزغ يربّ ملكّس كلّ العل
استّد ناو تلّا غلحدت اوال امحان
اد سنت التّلوغ لقلبنك او اصمّان 10
امّت بابس دماس نصبى سل امرّى
الولدين مضان امّد مسكين الحضر
اسهد مولانا السّعيد املاس اغرس
ارت بهر ربّ سرج افكباس لغران
كم المّ اتلحتمّد لغلوم ارلّن 15
اتّاس ابب دمّ مداملن اغراس
نتمز گدّريغ اگس ادرغ اول امحان

حكاية القبى مع ابيه وامه حين كانوا فى النار واخرجهم هو من
النار بفضل الله وقراة القران العظيم وكان ابوه يقطع الطريق ويقتل
الارواح ولم يصلّى واقه كانت تعصى الله ولم تصلّى ولم تطيع زوجها

ثم صلات عليك اولّد رسال ملنا
القوام انبى محمّد رسول لمختار
بينغ گيس اقل استدرك والتّران
دغقضا فحضار الغسار لمّمات 5

ربّى درسل الله اغـرجـع لـعـفـو افـلّاس
امـل يامـر ربّى سلـجـل تـوت لـغـتى
ثـمّ الصلاة والسلام على نبى محمّد

اكـزد لـمـيزان ار تـيـزان كـلّ الـعـمـل
اكـور ابـلّـغ الا لحـسنبك امولانـا
يـوم القيام يـوم الندام يوم الحشار
يا معشار عباد الله انكـرت الـمـم
. . . ن كلّ مدن غلحسـب هك وزّ الّن ١
الّا كـر ارسركـس لـعـب اتـنـلو ارززبيان
اقـنـد اد فـع اكـزل اتـنـيزر كـيـان ٢
اكـفّـغ امـولانـا غـلّى غـر نـفٍ نـكـران ٣
ثـمّ الصّلاة والسّلام على نبى محمّد

اكـزد لـمـيزان ارتـيـزان كـلّ الـعـمـل ٤
الّا كـر يـو لـجـور كـتـنـنـى اكـفـان

---

١ مند كولّ در لحـساب ايـفـاصـل كـيـان
اغـد متّـضـفـارن غـد لـغر يـوف نـكران
٢ الّـكـر ارنـت اتـكـر فـدّنـيا ارسـنـتـال
ابـيـنـاك ابـنّ اسكـر گـس واليـعـان
٣ عـلّـغـتـل ثـمّ اگـتـنـى او لـشّواش
يـود سيـد رسـل الله رحمت المـام
اگـلخـيار اعـزّت الـه افـكـاس لـكـرام
اشـفـعـاد نـبى محمّد رسـول المـامـر
٤ يـلزحـام اگـتـنـى غـكـدن هاك وازّ ايـلان
اقـنـد اييشّـنْ کـر غـسـران اتـغـكـيـن

گر تشرفن اغتنلّی دسّوال رحمان
اّلا کر یسوّدنوب گتنین ارلّان
اگت مولانا دالعذاب اجمان الظی ¹
ولا یرا لا کنین اطلب غدّنیا ارتعصوم   35
اّلا کر ارتزّ الکذب اغوتن شطان
اّلا کر ارتزّ لحرز اغوتن شطان ²
اسنو نسوا ار بلغ نّبی رسول الکلام
انّغدی لخبر غلقران العظیم
امل کونین الطلبا غدّنیا ارتعصوم   40
ولایس اتسزغ .... بیلان
سرت کلّ سلجنت الطلبا دار الکرام
اشفع کّون مولانا د لقران العظیم ³

ثمر الصلاة والسلام علی نبی محمّد
ارغد المّا سوول تدنک ایمحضار   45
اکز غلعلم اّلا غلقصور اعلنین ⁴

ینضعان اتّبی محمّد افتو سلکرام
ینعصان اتّبی محمّد افتو ستّران
ازلد کوّل ربّ طلب غسران اتّیاس
ازینّاس شهوت تدّنیا دلحرام
تسکرم نیت اطلبا ذنوب اروال خضان
مشّکر ایبزر غلجه نکرا ایمحنان
دنکلّ سلجنت لغز اممان امعلّان
العنیت دلغزاکه اعغنا ملسنا
ارتعصان کنت لحبب ایتّاسن سلّغ
صلوة نبیت دلغنکدس اکوّل نتار

دّ سرس اخت بيت لجاريسه تنياس
كىّ اتّناس ايدم العراب اركاك التّحيلّ
ببك دمك لّن غكنس كلّ نتّار
تٔرت سل لغرح دلعب اتناس امسكين
اذ شبب اكّلّى لحزن اكحان اغلّان
اذ شبب اكّلّى اتجد اغر مولانا
دتفصيح لّسان اهذ خفيف لكلام
امــولانــا لــوديــنــيــن غــتّــار ١
لحٔرمنك اسيد اد تفكّم التّار
نكّ دبب دمّ دلحبـبـنـو الا يـتـمى
سير اتّاس الهى الضّبى يان غـفـغـاس
يان انيـلى غـتّـار لجـز نيـان اتـعـصـون
ثم الصلاة والسّلام على نبى محمّد

مّر زكّيس اركـان اتّـزّال حيـن اضـاك
مـرّ زكّيس اغـلا غـلحـزن اعـان ارّلّان
دون ار غـلّى غـتـلى خـزن ونـتّـران
يغـن خازن انت اكّى نيان لكرسى
اكّان ونـتّـور اكّى نـت نــتّــران
الـطّـف اكـان اعـدن ونــتّـــران
اوجبـيسـد الـحـضار غـسران اتّـيس
السّـلام عـليـك خـازيــن نــتّــران ٢

١
كى ايكّـان اغـتّر ابـبـنـو املـبنـا
يلطيف ياعزيز يا جبار دانت اكّات
٢
تـر ستـر لـسـن لّـبس ونـتّـران

اوجبسد اكّن ملك غسران اتّياس
عليكم السّلام اوجه لخيار لحسن
مكّد أون القّبى ارتكّت وتلهرتان 70
مكّد يون النّصتّى يداغران لغران
سرزن او ركغد لجرنك الحضر
اوجبسد الحضر غسران اتّياس
باب دمّا كدتمد افكان ايشغا
مند فى حقّ الله امليك ما نغلّان 75
اوجبسد الّن ملك غسران اتّياس
فكمت كلّ تّعمت القّبى ما نضّغات
غلّ بابانك دمّك نسكّلت يستّغلّان
اوجباسد الحضار غسران اتّياس
باب طويل اوسع الوجه اتّاس امليك 80
ان تك لكّد المربع اتّاس الحضار
كملت عين اكّان رقفة [1]
امون دخرزين فكين البحور ونسف
لود سلود الغ الكثن ياوّنوا
بير الغلاق ألّا غكّنسن كلّ نيتّار [2] 85
اوجبسد الّم ملك غسران اتّياس
بابك دمع القّبى نيتنين ايتّا
اروال شبب اكّلّين اكان اتّغش يرّ

---

[1] الشّغنين حسن لوجه املاس تّعات
[2] فى ود ساقر الطف اجر نامن النّار
يغن بابس دمس غكدنّ غيان لمرتان

اوجيسد الّن بباس، غسران انّياس
ترولت زڬكتّغ ايو مڬسرولن ¹
نس سدّبين نت قلون اغرسن غلحّم الاصمّد
امل كّی ترولت زڬك نغ ما كسرولن ²
اركنيد نكز اباب اتّاس الحضر
ظلام كلّ تخسنم ابد لتكنك اسغوا ³
امنضر متسكرم ابب عذار لغرور ⁴
نّك سكرغ ايو ذنب ڬثنين غصّان ⁵
نترك ترّلت ارند لغرض ارّی
نقتل روح عد سل نمز ⁶
امنضر متنسكرم ايمّ غدار البغرور

صدلس كولّ مجتّار اعد نك او شيقان
غلحتغلّن ابد لتنڬتّران
هتّی ايتّاس املك اردنين ايتّا
نروك سول نسلسك سول نطعك
كنّ ايناسن صّبی كيد افكان اتلّاس
نزّن ابب دتر اجد ركن اڬتّران
مّننك يدّ كر نتسود ايناس ايوی
نلّبد اعرد ازصنع لحما نتران
منّتلكم دزّن لعذب اجان اشقان
احتّو ابب دتر ازضكنا كتّران
الكم ايمّ مكند افكان اشقا
كيّن دی سقرّ سلعبننس ليسكار
ار نصضاقی لفسد اولد اولا تكرضا
تلهد ڬار اغرس الغنعنا سنرتان

ذكنتنيس ايو نڤّر كّتنينين اد سكرغ [1]
اوجنيسد اكحضر غسران انّياس
صلام كلّ تخسنم ابد لكنك اسغوا
ثم الصّلاة والسّلام على نبى محمّد

الحمد لله اشغبعد الكريم غيان ابدّوا [2]
يان انلى غمّار الجز نيان اطعصصون
اڎّ سببابس انتّاس اباب ارواج اتدّوت
.... ايو ملك [3]
اڎس مّاس انتّاس ايّما رواج اتدّوت
اهو اتتّاس ابو بابك ايزوارن اتنتنويت [4]

ار نعضاض لنفسد اولد الا تمّما
حينغ بابك ايو فدّنيا ارتتعصصو
نكد ويّض سكرغ دّنب اروال خقان
نلهد گار اغرس الغنفتا سلرتان
ختّرت ابب كيتدّى غيتّون
سلجنت يان ايگّور غد ايناس احضر
اتّسببايس ايو منندمك يوف اتفنّو
نثت اكيوسن ايو غدس تحّنى فلاك
تنّر فلك ايو ايگّازن اولشفا
نك ايملى ايگّور غد ايناس ايو
نمير ياد تدلّ غدّ نياد لمرتان
الو ننغ ايو لحدد انتّياس اغسكرن
مقر فلغّ تّر نصببرس نيت نفعا
اگتفلّع جل نببك سير ايوى
انّر فلّغ اغرسن غلحما اولسميض

بجـل شبـاب اكـلّـيـن ادّ غـسـران ارلّان 110
بيـزنـد مـولانـا يان الملـك غـسـران انتيـاس
انـا اكـرم الـكـريم الصّبى ماكسّـلّان
نشفـع كـلّ غـلـوليـديـن الا يـتمـاك
الا لجـرانـك الـصّـبى مكـنـو الان
نشفـع كـلّ غـنّـس لجـدود ارستّستين 115
سـلـبـز كـتمـنـون ارنى دلـقـرآن العـظيـم
لحـمـد لله الـورجـكـنـك ابـيـب يـبـورن
طلـب الّا غـلـجنـت لغـردوس الا يـتمـاس
لحـمـد لله الـورجـكـنـك ابـجـبـّيـان
اشـفـع تّـبى مـحـمـد رسـول الله 120
...... نجـمـلّات العـرش البـار تعـالى
دا محـضـارن نسـيّـد نا عـر بن لخـطّـاب
ادغ اريـاو شيـطـان ادغ اركّـن لعبى
ثـمـر الصلاة والسلام على نبى محمّد [1]

نـك ايـمـلى ايـتّـكـور غـد اتنـاس ايـوى
نميـر يـاد تـدلّ فـدّنـيـا دلـرتـان
الـونـنـغ ابـولحـدد اتنـاس اغـسكـران
مقر فلّـغ تّـر نصبـرس نيـت نقـنـعـا
سـر ايـنـاس ايـب كـيّـدم اتـفـتـوم
سـلجنـت نـك ايـمـلى يكّـور غـد ايتنّاس اعـضار

كمـلت لحـكايـت القـبى مع ابيـه وامّـه انتـهى بحـمد الله وحسـن عـونـه [1]
تمّ

V.

TRANSCRIPTION.

Bism illahi rrah'mani rrah'imi
Thomma ççalat ou esselam âla nebi Moh'ammed
Bism illah ou billah lbab irouan a inna
A t ennan asaddoun et't'alba r'el K'oran alâdhim
A bism ou billahi anebdou kelam leh'asan
Asmâ kelam alhas'an a ouadjh lekhiar leh'asan
Rir' anfaçal iat elqasid en ian oumeh'dhar
S elmazer' ia rabbi kemel gis koullo alâmal
Asettid naoui tella r'elhadet aoual ich'an
10 *Ad isenit ittilouir' lk'alb enk aouiççeman* [1]
Immout babas d emmas n çabi sol imezzi
Aloualidaïn medhan ir'amma d meskin oumeh'dhar
Ishida maoulana essâid imlas ar'aras
Irat behera rebbi ser rebeh' ifkas lk'oran [2]
15 *...ilemma atelah'h'etemed lr'oloum arallan*
Inna as a baba d imma madi immalen ar'aras
Netmez gidrir'a gis ad rer' aoual ich'an
Rebbi d erresoul Allah ar'erdjer' lâfou a fellas
Immil iamer rebbi s elmedjal taouit lâti
20 *Thomma ççalat ouesselam âla nebi Moh'ammed*

Iggiz d elmizan ar itozzan kollo 'lâmal
Igguouer aillir' illa lh'esab enk a maoulana
Iaoumo lk'iam iaoumo nnadam iaoumo lmih'char
Ia mâchar îbad allah anekrat aloumam
25 *...n kollo meden r'el h'esab ouarra illan* [3]

---

[1] *Thomma ççalat âleik a oual ad irsal maoulana*
Ilak'ouam a nabi Moh'ammed resoul el-mokhtar
Biiner' gis aoual asettiderk oual ittiran
[2] *Der'qadha f oumeh'dhar illir' sar lmemat*
[3] *Monad koullo ddar el-h'isab aifaçel konian*
Ma tidhfaren r'edr'id illir' our iouft nekran

Illa kra ar iserkes lâib a ten our izer ian
Ik'and ad iffer' iga azal a ten izer kouian [1]
Akkafer' a maoulana r'ellir' our nousi nokran [2]
Thomma ççalat ou esselam âla nebi Moh'ammed

30 *Iggiz d el mizan ar itozzan kollo lâmal* [3]
Illa kra ioui lodjour iggoutenin ikâfân
Ger tachrafen ar'i telli disoual rah'an
Illa kra ioui ddonoubi iggoutenin arallan
Igit maoulana d elâd'ab ih'man aladhi [4]
35 *Ouala ioura la köunin a t'alba r'eddounia ar itâçoum*
Illa kra ar ittarou lked'oub ir'oui ten chit'an
Illa kra ar ittarou lh'erouz ir'oui ten chit'an [5]
Isaouen our ibeller' ennabi resoul alkelam
An ir'edai lkhabar r'elk'oran alâdhim
40 *Immil kounin a t'alba r'eddounia ar itâçoun*
Oualain. . . . . iilan
Siret kollo s eldjennet at'alba dar alkeram
Ichafâ goun maoulana d el k'oran alâdhim [6]
Thomma ççalat ou esselam âla nebi Moh'ammed

45 *Arrir' d ilemma s oualideinek ai oumehdhar*

---

[1] *Illa kra ar nit ittenker f eddounia ar isental*
Ibin ak our illi iskar ges oual içhan

[2] *R'illir tella temara iggouten a ouala chiouack*
Iaoui d sidi rasoul Allah reh'amet i lomam
Iga lkhiar iâzza tilahi ifka as lkeram
Ichafâ d nabi Moh'ammed resoul i lomam

[3] *Illi zeh'am iggouten r'akoudanna hak ara illan*
Ik'and aina ichchen kra r'asran a tefkin

[4] *Ian idhân i nebi Moh'ammed iftou s elkeram*
Ian içan i nebi Moh'ammed iftou s enniran
Izlid koullo rebbi t'alba r'ouseran inna iasen

[5] *Iziin asen echchahaouat en dounia d elh'aram*
Teskerem nit a t'alba d'onoub our âla khaççan
Mach kera ar izeri r'eldjah en kra içh'an

[6] *Doun koullo s eldjennet lfâza içh'an ar'ellan*
Al ânait d elfaouakih iâfa maoulana

Iya zer' lâlam illa r'elk'oçour adlanin [1]
Tedda ser es akhouti iat aldjariah tenna ias
Kii tenna as a ioudem elârab arkag issih'il
Babak d emmak ellan r'ogens n ennar
50 Tirit sal lfrah' dlâb i tenna as a meskin
Iddu chebab igellin lh'ezen ich'an ar'ellan
Idda chebab igellin isdjed ir'ri maoulana
D tefçih' lisan ahada khefif alkalam
A maoulana ellan loualidain inon r'ennar [2]
55 Alh'ormenk a sidi ad itefokkom innar
Nekkî d baba d immi d alh'abib inou ala itma
Sir inna as allah a çabi ian âfir'as
Ian an ili r'ennar ldjaza n ian itâçoun
Thomma çcalat ou esselam âla nebi Moh'ammed

60 Marra zeg is ar oukan ittazal h'ina idhehak'
Marra zeg is ir'illa r'elh'ezen ich'an arallan
Iddoun ar r'illi r'in illa khazin ouin n niran
Iafen khazin nit iggi n ian lekersi
Igan ouin nour igi nit nniran
65 It't'af igan iâmdan ouin n niran [3]
Iouadjeb as d ameh'dhar inna ias
Essalamo âleika khazin n inniran
Iouadjeb as d ikkan malek r'ouseran inna ias
Âlaikoumo ssalam a ouadjho lkhiar leh'asan
70 Makki d iaouin a çabi our tegit ouin lmertan
Makki d iaouin a çabi ia d ir'eran lk'oran
S ouzizen our igi r'id eldjaza nek oumeh'dhar
Iouadjeb as d ameh'dhar r'ouseran inna ias
Baba d imma kaid nemed ifkan ichk'a
75 Menid fi h'ak'k' illah a malik ma nir'ellan

---

[1] Ar iteçab ldjennet alah'bab inna asen sellar'
Isaouat n baba d immi r'o kous koallo nnar
[2] Kii igan ar'effar a baba inou a maoulana
[3] Ia lat'if, ia âziz, ia djebbar d nit ikkat
En nar s ennar ilsin libas ouin n niran

Iouadjeb as d illan malek r'ouseran inna ias
F'kat koullo noûat a çabi ma n çiffat
R'illa babak d emmak nsigelt ai nir'ellan
Iouadjeb as d ameh'dhar r'ouseran inna ias
80 *Baba t'ouil aousâ louadjeh inna as a malik*
Imma tega lged almerbâ inna as oumeh'dhar
Kah'lat âino igan rak'ik'ah [1]
Imoun d khazin fkin albeh'our ouin ousafou
Louad s elouad illir' alkemen iaouanou
85 *Bir alfalak' illa r'o gens koll ninnar* [2]
Iouadjeb as d ilemma malek r'ouseran inna ias
Babak d emmak a çabi nitenin ainna
Iroual chebab igellin akan ittar'acha iourri
Iouadjeb as d ilemma babas r'ouseran inna ias
90 *Terouelt zeggig enner' a ioui mak iserouelen* [3]
Nousis eddin not fellaouen ir'arasen r'elhemm la açemmid [4]
Imil kii terouelt zeggig enner' ma k iserouelen
Our keni ad noukiz a baba inna as oumeh'dhar
Tedhlam kollo tekchenem ibadelken ag ousafou [5]
95 *A mendhra ma teskerem a baba r'dar ler'orour* [6]
Nekki sekrer' a ioui d'enoub goutenin r'açcan [7]

---

[1] *Echchafataïn h'osn loudjouh imlas nouât*
[2] *Fi ouad sak'ar a lat'if adjirna min annar*
  Ioufan babas d emmas r'akodan r'ian lmerian
  Dhlan kollo r'ennar aâmda nek ou ichk'an
  R'el h'alt iller' illan ibadelten ak ounniran
  Hati inna as a malek our id tennin ainna
[3] *Nourouk soul neselsak soul ntâmek*
[4] *Kenni inna asen çabi kaii d ifkan italas*
  Nouzizen a baba d immi idjderkon ak enniran
[5] *Mamenki ad dakor nessouid inna as a ioui*
  Nell abada ar'ad r'ar ad izdhenner' lh'ama n niran
  Manin telkem d ouzizen l'âd'ab ih'amman ichk'an
  Ah'h'inou a baba d immi izdhaken ak ouniran
[6] *Oulakemm a immi ma ken d ifkan ichk'a*
  Kouian d'iskerra as s elâib ennes elli iskar
[7] *Our neçkhaçça lafsad a oueldi aounla toukerdha*

Nterk tazallit our neddi lfardh n rebbi [1]
Nek'tal rououh' âmdun soul nemzi
A mendhra ma teskerem a immi r'dar alr'orour
100 *Nekki tenna ias a ioui niira goutenin ad eskrer* [2]
Iouadjeb as oumeh'dhar r'ouseran inna ias
Dhlam kollo tekhchenem ibadelken ag ousafou
Thomma ççalat ou esselam âla nebi Moh'ammed

Elh'amd lillahi ichfâ d elkerim r'ian iftou [3]
105 *Ian an ili r'ennar aldjaza n ian it'âçoun*
Iddou s babes inna as a baba arouah' a teddout
.... *a ioui malek irouaren* (?) [4]
Iddou s emmas inna as a imma rouah' a teddout
Ohoui a tenna as a ioui babak aizouaren a tentaouit [5]
110 *Iouh'el chebab igellin idda r'ouseran arallan*
Izend maoulana ian almalek r'ouseran inna ias
Ana akrim alkarim a çabi mak isallan

---

[1] *Nelha d gar ar'aras illir' nefta s elmertan*
[2] *Our neçkhaçça lfesad a oueldi oula nnemima*
  Khaianer' babak a ioui f eddounia ar nettâçou
  Nekki d ou iadh sekrer' eddounoub our ouala khaççan
  Nelha d gar ar'aras illir' nefta s elmertan
[3] *Khtirat a baba kii d'immi r'ian en nouen*
  S eldjennet ian a iggaouer r'id inna as oumeh'dhar
[4] *Inna as babas a ioui moun d immak iouf a teftou*
  Nettat a ktousin a ioui r'oudis temeh'en fellak
  Tenarr felluk a ioui igarzen oula chak'k'a
  Nekki a imelen a eggaourer' r'idinnas a ioui
  Nemiar iad tidilla f oddounia d elmertan
  Oulaen enner' lh'edid inna ias ar' sekren
  Mak'ar fellar' ennar neçbras nit neknâ
[5] *Iggout fellar' djemil n babak sir a ioui*
  Innar fellar' ir'arasen r'el hema oula asemmidh
  Nekki a imelen a iggaourer' r'idi tennas a ioui
  Nemiar iad tidilla f oddounia d elmertan
  Oulaen enner' lh'edid i tenna as ar'sekren
  Mak'ar fellar' ennar neçbras nit neknâ
  Sir inna as a baba kii d immi a teftoum
  S eldjennet nek a imlen iggaouerer'id inna as oumeh'dhar

Nechafá kollo loualideini ala itemak.
Ala djiranek a çabi mak inoualan.
115 *Nchafá kollo r'ammas ldjedoud ar sattou soutin.*
Sel bereket mennouen a rebbi d elk'oran alâdhim
Alh'amdo lillah al ouardjeg nek a bab iouroun
T'aleb illa r'eldjennet lferdaoüs ala itemas
Alh'amdo lillah al ouardjeg nek a bab djouiian
120 *Achafá nabi Moh'ammed rasoul Allah*
..... n djemalat alârch albari taâla
D imeh'dharen en sidna Ômar ben el Khat't'ab
Ad ar' oür ioui chit'an ad ar' argin lïbi
Thomma ççalat ouesselam âla nebi Moh'ammed.

VI.

TRADUCTION.

Au nom de Dieu clément et miséricordieux,
Puis bénédiction et salut sur le prophète Moh'ammed[1].
Au nom de Dieu, voici ce qu'a dit l'auteur;
Voilà ce qu'ont dit les t'alebs, d'après le K'oran auguste.
5 Commençons ce beau récit par invoquer le beau nom de Dieu.
Écoute ce beau récit, ô homme de bien;
Nous allons raconter l'histoire d'un jeune homme,
En amazir' : ô Dieu, donne à mes actes la perfection.
Ce que nous rapporterons se trouve dans les traditions véridiques.
10 Ton cœur, dur comme le rocher, en sera attendri[2].

---

[1] Histoire de Çabi, de son père et de sa mère; comment ils étaient en enfer et comment il les en tira par la grâce de Dieu et la lecture du Koran auguste. Son père, cependant, avait volé sur les grands chemins et assassiné; il ne priait pas; sa mère était rebelle envers Dieu, ne priait pas et n'obéissait pas à son mari.

[2] Ensuite, salut et bénédiction sur toi qui as envoyé notre Seigneur
Aux nations, le prophète Moh'ammed, l'apôtre élu;
Puisse ce que je vais dire satisfaire tout le monde!

Le père et la mère de Çabi moururent pendant son enfance;

Ses parents partirent, laissant le jeune homme dans la pauvreté.

Notre Seigneur le fortuné le guida, il lui montra la voie;

Dieu le conduisit vers le profit et lui donna le K'oran [1].

15 Ensuite.................... en pleurant,

Il lui dit : Pourquoi mon père et ma mère ont-ils abandonné (?) la voie (droite)?

.... je demande une parole sincère,

Ô Seigneur, ô envoyé de Dieu, j'espère mon pardon.

Ensuite le Seigneur ordonnera d'amener les méchants en cercle.

20 Puis salut et bénédiction sur le prophète Moh'ammed.

Il établira une balance pour toutes les actions;

Il s'asseoira jusqu'à ce que ton compte soit terminé, ô Seigneur!

Ô jour de la résurrection! jour du repentir! jour de la réunion générale!

Ô assemblée des serviteurs de Dieu! ô peuples, levez-vous!

25 On examinera le compte de chaque individu [2].

Il y en a qui cachent leurs défauts, de sorte que personne ne les voit;

Mais il viendra, ce jour, où ils apparaîtront aux yeux de tous.

Assiste-nous, ô Seigneur, pour qu'il ne nous arrive rien de fâcheux.

Puis salut et bénédiction sur le prophète Moh'ammed.

30 Il établira une balance pour toutes les actions;

---

[1] Ensuite, par la volonté divine, le jeune homme mourut.
[2] Rassemblez-vous tous pour que votre compte à chacun soit réglé; Ici, vous ne trouverez rien pour excuser votre conduite.

Il en est qui recevront des récompenses nombreuses et suffisantes.

Entre les piliers de la balance, il y aura des paroles consolantes;

Il y aura des pécheurs qui produiront leurs péchés en pleurant beaucoup.

Le Seigneur établira des peines et allumera les feux de l'enfer [1];

35 Il vous inscrira aussi, vous, t'alebs, qui avez été désobéissants dans le monde [2].

Il en est qui ont écrit des mensonges : Satan les a trompés;

Il en est qui ont écrit des sortilèges : Satan les a trompés [3].

Est-ce que le prophète, mon envoyé, ne vous a pas apporté sa parole?

Est-ce qu'il ne vous a pas appris (?) la vérité dans le K'oran auguste?

40 Ensuite, ô t'alebs, vous avez été désobéissants dans le monde.

Aussi......................

T'alebs, allez tous dans le paradis, séjour de la vertu.

Le Seigneur et le K'oran auguste vous pardonnent [4].

Ensuite, salut et bénédiction sur le prophète Moh'ammed.

45 Je retourne à ce qui concerne tes parents, jeune Çabi.

Il était d'entre les savants; il alla dans les demeures élevées [5].

---

[1] Celui qui aura obéi au prophète Moh'ammed sera honoré;
Mais celui qui se sera révolté contre lui ira dans les flammes.

[2] Ce jour-là, le Seigneur mettra à part tous les t'alebs et leur dira :

[3] Il a embelli pour eux les passions du monde et le péché.
Vous avez commis, ô t'alebs, toute espèce de fautes.
Mais il peut y avoir quelque intercession en votre faveur.

[4] Allez tous dans le paradis, séjour des jouissances et du vrai bonheur,
De la grâce et des fruits (?); le Seigneur vous a pardonné.

[5] Il trouva au paradis ses amis et leur dit : J'ai entendu
La voix de mon père et de ma mère au fond de l'enfer.

Alors vint à lui une servante, qui lui dit :
Toi, tu parles l'arabe, lui dit-elle.....
Ton père et ta mère sont au fond de l'enfer,
50 Et tu recherches encore la joie et les divertissements,
lui dit-elle, ô malheureux !
L'infortuné jeune homme s'en alla, plein d'un chagrin réel ;
L'infortuné jeune homme alla se prosterner et implorer le Seigneur.
D'une voix éloquente, il prononça ces paroles rapides :
Ô Seigneur, mes parents sont en enfer [1] ;
55 Que ta grâce, ô mon Maître, nous préserve du feu,
Moi, mon père, ma mère, mes amis et mes frères !
Va, Çabi, dit Dieu, je pardonne à l'un d'eux ;
Que l'un d'eux reste en enfer, punition du rebelle.
Ensuite, salut et bénédiction sur le prophète Moh'ammed.

60 Tantôt, joyeux de cette réponse, il court en riant ;
Tantôt, un chagrin réel l'afflige et il pleure.
Il marcha jusqu'à ce qu'il rencontra le gardien de l'enfer.
Il le trouva assis sur un trône.
Le gardien était assis sur les flammes,
65 Et portait une colonne de feu [2].
Le jeune homme s'adressa à lui et lui dit :
Salut sur toi, gardien de l'enfer.
L'ange lui répondit en ces termes :
Salut, homme honnête, homme de bien.
70 Qui t'amène, ô Çabi, tu n'es pas d'entre les damnés ?
Qui t'amène, ô Çabi, lecteur du K'oran ?
Ta récompense n'est pas dans les flammes, jeune homme.
Çabi lui répondit alors en ces termes :
Mon père et ma mère ont pris beaucoup de peine pour moi ;

---

[1] Ô Seigneur, toi qui existes, pardonne à mon père !
[2] Ô Dieu bienfaisant, ô Dieu généreux, ô Dieu puissant ! Il entassait Feux sur feux, vêtements de flammes pour les damnés.

75 Par la vérité de Dieu, ô ange, regarde où ils sont.
L'ange lui répondit alors en ces termes :
Fais-moi leur description, Çabi ; quels sont leurs traits ?
Nous chercherons alors où sont ton père et ta mère.
Alors le jeune homme lui répondit en ces termes :
80 Mon père est grand, large de figure, dit-il, ô ange.
Ma mère a la taille carrée, dit le jeune homme,
Les yeux noirs et petits [1].
Le gardien l'accompagna ; ils allèrent dans les mers de flammes,
De fleuve en fleuve, jusqu'à ce qu'ils arrivèrent à un puits,
85 Au puits d'El-Falak', qui est au fond de tous les enfers [2].
Alors l'ange s'adressa à lui en ces termes :
Voilà ton père et ta mère, Çabi.

Le malheureux jeune homme se détourna, s'évanouit et revint à lui.
Son père lui adressa alors ces paroles :
90 Tu nous fuis, ô mon fils ! Qui te fait fuir ?
Pour toi, nous avons fait des dettes, nous avons couru les chemins par la chaleur et le froid.
Cependant tu nous fuis. Qui te fait fuir ?
Ô mon père, dit le jeune homme, nous ne vous reconnaissions pas ;
Vous êtes entièrement noirs et enlaidis ; ces feux vous ont changés [3].

[1] Les lèvres belles et la figure lisse.
[2] Dans le fleuve du Sak'ar, ô Dieu puissant, préserve-nous du feu !
Il trouva son père et sa mère livrés alors au supplice ;
Ils étaient entièrement noircis par le feu. Malheureux celui qui souffre
Les flammes les avaient entièrement changés.
Ce ne sont pas eux, dit-il, ô ange.
[3] En effet, répondit-il, nous sommes noircis, ô mon fils.
La chaleur des feux nous accable toujours ici.

95 Puis-je savoir, ô mon père, ce que vous avez fait dans la maison de l'erreur (le monde) [1] ?

Ô mon fils, j'ai commis des fautes nombreuses et entières [2] ;

Nous avons négligé la prière; nous n'avons pas observé le jeûne du Seigneur;

Nous avons commis volontairement des meurtres, en outre, nous avons volé [3].

Puis-je savoir, ô ma mère, ce que vous avez fait dans la maison de l'erreur?

100 Moi, lui dit-elle, ô mon fils, j'ai commis bien des fautes [4].

Alors le jeune homme leur parla en ces termes :

Vous êtes entièrement noirs et enlaidis; ces flammes vous ont changés [5].

Ensuite, salut et bénédiction sur le prophète Moh'ammed.

Louange à Dieu! le Seigneur généreux a pardonné à l'un de vous [6].

105 Que l'un reste en enfer, rétribution du rebelle.

Il alla vers son père, et lui dit: Pars, mon père, retire-toi.

Comment es-tu parvenu à ce brasier, à ce lieu de tourments, de tortures?
Hélas! mon père et ma mère, les feux vous ont entièrement accablés.

[1] Et vous aussi, ô ma mère, pourquoi souffrez-vous ces tourments?
Chacun lui avoua les fautes qu'il avait commises.

[2] Il ne me manque aucun péché, ô mon fils, pas même le vol.

[3] Nous avons suivi la route du mal jusqu'à notre arrivée dans les supplices.

[4] Il ne me manque aucun péché, ô mon fils, pas même la calomnie.
Ô mon fils, j'ai trompé ton père dans le monde, j'ai été désobéissante,
J'ai commis des fautes avec un autre; il ne me manque aucun péché,
Nous avons suivi la route du mal jusqu'à notre arrivée dans les supplices.

[5] Mot à mot : ces tisons.

[6] Choisissez, ô mon père et ma mère, que l'un de vous
Aille en paradis, et que l'autre reste ici, dit-il, ô mon père et ma mère.

.... ô mon fils............¹

Il alla vers sa mère, et lui dit : Pars, ô ma mère !

Non, mon fils, lui dit-elle, emmène plutôt ton père².

110 Le jeune homme fut étourdi et se mit alors à pleurer.

Alors notre Seigneur envoya un ange pour lui dire :

Je suis généreux parmi les généreux, ô Çabi, pourquoi pleures-tu ?

Nous pardonnons à tes parents, ainsi qu'à tes frères,

A tes voisins, ô Çabi, à tes proches ;

115 Nous pardonnons à tous tes ancêtres, jusqu'à la septième génération.

Entends leurs bénédictions, ô Seigneur, ô K'oran auguste !

Louange à Dieu........... ô porte.....

Le t'aleb demeura dans le jardin du paradis, ainsi que ses frères.

Louange à Dieu.......... ô porte.....

---

[1] La lecture de ce vers est rendue impossible par une déchirure de la page ; mais les vers que donne ci-dessous le texte de Delaporte suppléent au sens :

    Son père lui dit : Mon fils, emmène ta mère ; il vaut mieux qu'elle s'en aille :
    Elle t'a porté dans son sein ; elle s'est fatiguée pour toi, ô mon fils.
    Pour toi, ô mon fils, elle a surmonté la douleur et la peine.
    Quoi qu'il arrive, ô mon fils, je resterai ici.
    Dans le monde, nous nous sommes habitués à cette abjection et à ce supplice.
    Nos cœurs sont faits de fer, lui dit-il ;
    Quelque violent que soit le feu, nous le supporterons avec résignation.

[2] Ton père nous a rendu de grands services, va, ô mon fils ;
    Pour nous, il a couru les chemins par le chaud et le froid.
    Quoi qu'il arrive, ô mon fils, je resterai ici, lui dit-elle.
    Dans le monde, nous avons été habitués à cet abaissement et à ces souffrances.
    Nos cœurs sont de fer, lui dit-elle ;
    Quelque violent que soit le feu, nous le supporterons avec patience.
    Partez, dit-il, ô mon père et ma mère ; vous irez
    En paradis, et moi je demeurerai ici, dit le jeune homme.

120 Intercède pour nous, prophète Moh'ammed, envoyé de Dieu,
(Pour que nous voyions?) les splendeurs du trône du Créateur, qu'il soit exalté,
Nous, serviteurs de notre seigneur Omar, fils d'El-Khat't'ab.
Je demande que Satan ne m'emporte pas ; je demande le pardon de mes fautes [1].
Ensuite, salut et bénédiction sur le prophète Moh'ammed.

[1] J'ai fini l'histoire de Çabi, de son père et de sa mère. Elle est terminée,
Grâce à Dieu et à son aide bienveillante.

Pendant l'impression de cet article, j'ai retrouvé dans mes notes l'indication d'un ouvrage qui a échappé à M. de Slane, et que malheureusement je n'ai pu parvenir à me procurer. Il est intitulé :
Narrative of Sidi Brahim ben Moh'ammed El Messi El Susi in the berber language with interlineary version and notes, by *Newmann*, in-8°, 52 pages. (Calcutta, 1846.)

www.ingramcontent.com/pod-product-compliance
Lightning Source LLC
Chambersburg PA
CBHW070716050426
42451CB00008B/677